可麗餅的愛與勇氣

文/林文芸、林彥宇
繪/江品萱

序

感恩與分享

這本故事書，傳遞了滿滿正能量。

趙叔叔和黃叔叔以可麗餅分享，與育幼院的孩子對話給予正向觀念，學習感恩！透過文芸、彥宇、品薈精彩的描繪，是一種幸福分享是溫暖滋味傳遞，感動孩子深耕愛與付出的快樂！

趙叔叔行有餘力願捐些錢集集黃叔叔的手藝，一起做公益成為關懷幼苗灌溉愛心呈現美好，鼓勵孩子讓孩子長大也會學習關懷別人，做真的傳善的

"贈人鮮花手留餘香"我們用著念用愛關懷別人，做真的傳善的作伙伴傳遞善愛。

助他人，世界就會更美好！

新北市愛的文化教育推廣協會理事長
財團法人快樂文化慈善教育基金會董事長
國際獅子會2020-2021年度台灣總監議會議員

張嘉員

2011年，有一位趙鍵斌叔叔，在假日時到夜市逛街，看到夜市裡有一個小吃攤排隊排很長，原來是要買現做的可麗餅。

排隊的人群裡有許多是小朋友，小朋友盯著鍋爐上的可麗餅，吱吱作響又發出香味，臉上都露出期待與幸福的表情。

很有愛心的趙叔叔，曾看到許多家境不好的小朋友缺乏陪伴，也想到這些小朋友因生活貧困，而沒有享用過好吃的可麗餅。

3

所以趙叔叔決定在春節時，
要到育幼院陪小朋友過年，讓他們感受到陪伴與幸福。
趙叔叔想要用這年的年終獎金，邀請可麗餅老闆一起到育幼院，
現場做餅給小朋友吃。

4

趙叔叔走到攤位前，詢問老闆黃仁鴻叔叔，願不願意跟他到育幼院請孩子吃免費的可麗餅，陪小朋友一起過年。

5

黃叔叔一開始很掙扎，
因為過年時的生意很好，
到育幼院就不能做生意，

做生意

做公益
做公益和做生意
是很困難的選擇。

黃叔叔想了一會兒，決定做些更有社會意義的事情，
於是和趙叔叔成為公益活動的夥伴。

2011 年 1 月 29 日，他們開始到育幼院
進行第一場愛心活動。
小朋友們一邊吃黃老闆製作的可麗餅，
一邊專注聆聽趙叔叔分享的故事。

趙叔叔除了鼓勵小朋友要培養好品德，也分享許多人們的生命故事：「他們雖然面對困苦，卻努力向上。」趙叔叔在分享生命故事後，也鼓勵小朋友，不管現在成長的環境有多麼困難，只要努力奮發向上，就可以改變人生。

讓人生的精采走入書頁
開啟跨時空的驚奇旅程

Since 2004

8

師長們也藉著這個活動告訴小朋友，兩位叔叔遠道而來，與他們分享愛心可麗餅，希望學生們能產生感恩的心，並願意付出能力幫助別人。

很多偏鄉的小朋友，在活動過後大聲說：

「謝謝趙叔叔和黃叔叔，要分享、要感恩，未來我們要感恩，要幫助別人！」

後來趙叔叔和萬叔叔辦了更多的活動，從育幼院和偏鄉學校，擴展到教養院、精神障礙機構、中途之家、監獄，和榮民之家，與在社會孤單角落的大小朋友們，分享可麗餅。

他們因可麗餅而歡欣笑開，感受到陪伴、關懷和愛心，許多身心障礙的特殊學生，因此手舞足蹈，笑顏逐開。也往吃到好吃的可麗餅後，

原本趙叔叔和黃叔叔只計畫辦五場活動，

但因受到大家熱情的迴響與善心人士的持續贊助與支持，

一直將活動持續下去，到現在已經超過五百場。

2011 年日本發生三一一大地震，許多人因地震和海嘯而家破人亡。

趙叔叔和萬叔叔也克服萬難，將愛心傳到了日本，
他們投入賑災，送暖到災區；
災區怵目驚心，但是他們帶來的溫暖和安慰，
卻讓災區的居民和小朋友非常感謝和感動。

12

除了提供小朋友好吃的可麗餅以外，趙叔叔還從國外進口健康的葡萄乾，

分送給現場認真聽講並回答問題的小朋友，

給偏鄉小朋友，更多的愛和健康營養的點心。

趙叔叔和黃叔叔的故事，受到越來越多人的關注和肯定，連許多的電視台和報紙也製作專題報導。

這些報導告訴更多人可麗餅活動為貧困者帶來了「愛與奮發向上的勇氣」，希望愛心可麗餅的活動，能像滾雪球一樣越滾越大，讓更多人發揮愛心幫助別人。

在許多老師和好朋友的鼓勵下，
趙叔叔把一些活動中的感人故事，
出版成兩本書：

《散播愛與勇氣的可麗餅》

《二小時的幸福》

把這些感人的人生故事，
傳到更遠的地方，讓更多人受到感動。

長年幫助偏鄉學生，
培養學習動力和提升學習程度的李家同校長也受到感動，
因此在書中序文寫下這一段話：

「無私的為人付出就是愛，唯有在愛的勞苦之中，
我們才能成就一個更有情意的社會。」

趙叔叔和黃叔叔，感動了很多好朋友和善心人士，一起用善款贊助後續的活動，並募助他們解決多許多活動中遇到的困難，讓他們持續進行愛心的活動。

隨著活動的範圍越來越廣，趙叔叔的演講也超過了五百場，他們受到更熱烈的歡迎和肯定。

可麗餅因愛心而產生幸福魔法，許多人問趙叔叔，人生最大的希望是什麼，趙叔叔笑著說：

「希望孩子們未來能堅強獨立，能像正常家庭的孩子一樣，用樂觀健康的心態，克服人生的起伏和困難，走向光明燦爛的康莊大道。」

林文芸

臺北市立第一女子高級中學學生
101年全國學生美展漫畫類國小中年級組全國特優
103年第12屆Formosa 女兒獎
105年文學小綠芽獎
106年愛讓世界轉動特優獎
106年保德信青少年志工菁英獎
106年台北市服務信學習特優獎
106年台北市學校優秀優育青年代表
106年全國慈孝家庭傑出表現獎
106學年度表現傑出市長獎

林彥宇

臺北市立建國高級中學學生
104年中央廣播電台兒童大使
106年愛讓世界轉動特優獎
106年保德信青少年傑出志工全國菁英獎
106年台北市服務學習特優獎
106年龍顏FUN書獎全國第五名
106年台北市教育局優良學生獎
106年台北市文山區仁義慈孝楷模
107年臺北市學校優秀青年代表
107年教育部總統教育獎奮發向上優秀學生獎

江品萱

彰化縣私立精誠中學自然科學實驗班學生
107年溫世仁全國作文比賽國中組特優
107年精誠中學校慶紀念品圖案設計
108學年度通過高中藝術才能美術類鑑定
108年精誠中學畢業紀念冊封面設計
108年全國外交小尖兵比賽季軍
108年彰化縣學生美術比賽高中普通班組西畫組佳作
108年蟬聯三屆崇晉盃臨帖比賽冠軍
108年國中會考5A++作文滿級分

充滿愛與勇氣的可麗餅

作　　者　林文芸、林彥宇／文；江品萱／圖

專案主編　林榮威

出版編印　吳適意、林榮威、林孟侃、陳逸儒、黃麗穎

設計創意　張禮南、何佳諠

經銷推廣　李莉吟、莊博亞、劉育姍、李如玉

經紀企劃　張輝潭、洪怡欣、徐錦淳、黃姿虹

營運管理　林金郎、曾千熏

發 行 人　張輝潭

出版發行　白象文化事業有限公司

　　　　　412台中市大里區科技路1號8樓之2（台中軟體園區）

　　　　　出版專線：（04）2496-5995　　傳真：（04）2496-9901

　　　　　401台中市東區和平街228巷44號（經銷部）

　　　　　購書專線：（04）2220-8589　　傳真：（04）2220-8505

印　　刷　基盛印刷工場

初版一刷　2020 年 7 月

定　　價　199 元

Ｉ Ｓ Ｂ Ｎ　978-986-5526-51-1

白象文化　印書小舖　PRESSSTORE

www.ElephantWhite.com.tw

出版・經銷・宣傳・設計

自費出版的領導者

f　白象文化生活館

購書　白象文化生活館